L'ASPIRANT DE MARINE,

OPÉRA-COMIQUE.

L'ASPIRANT
DE MARINE,

OPÉRA-COMIQUE EN DEUX ACTES;

Paroles de MM. Rochefort et Alexis Decomberousse;

Musique de M. Théodore LABARRE.

Représenté pour la première fois à Paris, sur le Théâtre royal de l'Opéra-Comique, le 15 juin 1833.

Prix : 1 Fr.

PARIS,
MARCHANT, BOULEVART SAINT-MARTIN, N° 12;
BARBA, LIBRAIRE, PALAIS-ROYAL.

1834.

PERSONNAGES.	ACTEURS.
GASTON DE COULANGES, secrétaire de l'ambassadeur français à Naples.	MM. Jansenne.
CORBINO, vieil italien, professant la grammaire française.	Fargueil.
LÉON DUCHATEL, jeune aspirant de marine.	Ponchard.
GUILLAUME, maître d'équipage.	Hébert.
GRATIEN, valet de chambre de l'ambassadeur.	Louvet.
ANGÉLA BELLINI, jeune veuve, italienne.	MM^{mes} Casimir.
LÉONTINE DUCHATEL, sœur de Léon.	Riffaut.
Matelots.	

La scène est à Naples, et se passe en 1809.

Impr. de J.-R. Mevrel,
Passage du Caire, 54.

L'ASPIRANT DE MARINE,

OPÉRA - COMIQUE.

ACTE I.

Le théâtre représente un joli jardin, avec une grille au fond qui laisse voir la mer et le port. A gauche une maison avec fenêtre à balcon. A droite, l'hôtel de l'ambassade française. Un bosquet d'orangers est près de la maison à gauche; un banc est dessous.

SCENE PREMIERE.

GRATIEN, *sur le pas de la porte de l'hôtel de l'ambassade, et semblant parler à quelqu'un, et peu après*, CORBINO.

GRATIEN, *à la cantonnade.*

Oui, M. de Coulanges, c'est l'heure où il vient donner sa leçon, et je l'arrêterai pour le faire jaser... (*Il regarde au fond.*) Précisément je l'aperçois.

CORBINO, *entrant par le fond, en lisant.*

O Rousseau! que tu as fait faire de pas énormes au sentiment!.. Comme je comprends ton St-Preux, comme j'entends ton Héloïse, divin Rousseau!

GRATIEN, *s'avançant vers lui en le saluant.*

Le signor Corbino me fera-t-il l'honneur d'accepter le bonjour?

CORBINO.

Je l'accepte pour vous le rendre, mon cher Gratien.

GRATIEN.

Je vous attendais pour vous demander des renseignemens sur votre belle écolière.

CORBINO.

La signora Angéla Bellini, qui demeure dans cette maison?

Il indique la gauche.

GRATIEN.

Précisément.

CORBINO.

Je ne connais guère cette veuve que depuis un mois; mais je gagerais que la ville de Naples ne renferme pas de folle plus complète, d'étourdie plus consommée que la signora : c'est une fantasque qui fait en jouant tout ce qui lui vient dans la tête; elle a été mal dirigée par ses parens, et plus mal encore par son vieux mari...

GRATIEN.

Et croyez-vous qu'elle soit disposée à se remarier?

CORBINO.

Elle a déjà refusé plus de vingt seigneurs napolitains.

GRATIEN.

Vous devez être une bonne protection près d'elle?.. Vous avez de l'empire sur ses volontés?..

CORBINO.

Pas le moindre : elle n'écoute personne... Elle m'a fait venir ici parce qu'elle veut apprendre le français, et qu'en ma qualité d'ancien professeur d'italien dans un collége de Paris, je possède merveilleusement les deux langues... Voilà pourquoi je suis préposé à refaire l'éducation de la jeune veuve, car on ne lui a jamais rien appris, et c'est la seule chose dont elle a bien profité.

GRATIEN.

Vous pourriez être bien utile à mon maître.

CORBINO.

En quel genre... est-ce qu'il a quelque chose à traduire?

GRATIEN.

Ce n'est pas cela... Il est amoureux fou de la signora...

CORBINO.

Angéla?

GRATIEN.

Vous l'avez deviné... et si vous vouliez...

CORBINO, *vivement*.

Arrêtez, imprudent! car je crains de vous comprendre... Oubliez-vous que je suis professeur, monsieur, et que mon intervention en pareille matière serait criminelle au superlatif?

GRATIEN.

Tiens! vous faites de la délicatesse?

CORBINO.

J'en fais surtout avec ceux qui n'en ont pas... M. Gaston de Coulanges, sous le prétexte qu'il est secrétaire d'ambassade, et pendant que l'ambassadeur est allé à l'île de Caprée, s'imagine tout simplement que je serai trop honoré de l'emploi qu'il me destine. (*A part.*) Il s'adresse bien, moi qui espère trouver dans mon écolière une nouvelle *Nouvelle Héloïse!*.. (*Haut.*) Adieu, diplomate en livrée... Je rentre chez la signora; ce n'était pas la peine de m'arrêter pour me faire entendre vos sottises.

Il entre dans la maison à gauche.

SCÈNE II.

GRATIEN, GASTON, *sortant vivement de l'ambassade.*

GASTON.

Eh bien?

GRATIEN.

Eh bien, Monsieur, il s'est moqué de moi.

GASTON.

C'est que tu t'y seras mal pris... Tu n'as pas de finesse, tu manques de tact... Il me faudrait ici quelqu'un de plus adroit que toi pour me tirer d'embarras.

GRATIEN.

Mais pourquoi n'engagez-vous pas la signora Angéla à venir au bal chez l'ambassadeur?.. vous pourriez lui parler tout à votre aise.

GASTON.

Elle a déjà refusé dix invitations... Attends donc, il me vient une idée... Dis-moi, Gratien, que penses-tu de ce jeune aspirant de marine que j'ai recueilli à l'ambassade après son naufrage?..

GRATIEN.

Qui? M. Léon?.. ma foi, je n'en pense pas grand'chose : depuis huit jours qu'il est ici il ne parle à personne... Il a l'air d'avoir beaucoup de chagrin, et ses yeux sont toujours baissés comme ceux d'une demoiselle.

GASTON.

Il est vrai que pour un marin il paraît bien timide; cependant j'ai un projet sur lui... Gratien, fais-moi venir ce jeune homme.

GRATIEN.

Monsieur, vous allez être obéi.

Il rentre à l'ambassade.

SCÈNE III.

GASTON, *seul.*

AIR.

Ah! pour soumettre une fière coquette
Vantons d'abord sa grâce et ses attraits;
Le diplomate aurait une défaite;
L'amant flatteur est certain du succès.
Charmant pays, beau ciel exempt d'orage,
Ton doux climat fait naître le désir;
Le cœur, ici, n'a jamais qu'un langage :
Tout en ces lieux inspire le plaisir.
Moi seul, hélas! j'ignore encor ses charmes;
Mais je saurai triompher à mon tour.

Si la beauté résiste avec ses armes,
J'ai, pour la vaincre, et la ruse et l'amour.
O ma belle !
Je t'appelle.
Moins cruelle,
Viens à moi ;
Je t'engage
Sans partage
Mon hommage
Et ma foi.
Ah ! pour séduire, etc.

Ah ! voilà mon jeune confident.

SCÈNE IV.

GASTON, LÉONTINE, *en costume d'aspirant de marine.*

LÉONTINE.

Monsieur, on m'annonce que vous désirez me parler, et je m'empresse de me rendre à vos désirs.

GASTON.

Oui, mon ami, j'ai à causer avec vous, vous m'avez inspiré la plus tendre amitié. Il y a près d'une semaine que vous êtes arrivé ici, seul, sans recommandation, sans aucun titre pour vous faire connaître, et vous n'avez pas encore jugé à propos de m'instruire du nom de vos parens et du motif de votre voyage : cela n'est pas bien.

LÉONTINE.

Ce reproche est mérité, monsieur; vous m'avez donné tant de preuves d'intérêt, que je n'ai aucune raison pour refuser de vous satisfaire. Mon nom est Léon Duchâtel ; j'ai un frère qui est, ainsi que moi, aspirant de marine. Il ne nous restait pour unique parent qu'un oncle maternel qui s'était marié à Naples. Nous apprîmes il y a six mois la mort de cet oncle, et comme il n'avait pas d'enfans, mon frère et moi, munis de tous nos titres, nous nous embarquâmes à Marseille pour venir ici recueillir son héritage; mais dès le second jour, une violente tempête jeta notre navire sur la côte de Gaëte... Tout présageait un naufrage certain... Au milieu du désordre général, des pêcheurs napolitains, témoins de notre danger, m'emportèrent évanoui dans une chaloupe, et me conduisirent jusqu'à Naples, où je fus reçu par vous avec la plus touchante bonté.

GASTON.

Mon ami, ne parlons pas de cela ; je n'ai fait qu'une action fort commune en recevant un Français à l'ambassade... Et, dites-moi, qu'est devenu votre frère ?

LÉONTINE.

Je l'ignore, monsieur ; mais je n'ai plus d'espoir pour lui : mon frère est très imprudent, il ne redoute aucun danger; il sera resté le dernier sur le vaisseau, et tout me fait craindre qu'il n'ait péri avec le capitaine.

GASTON.

Oh! ce serait affreux!.. Dans tous les cas, je ne vous laisserai pas ici sans emploi, et même en ce moment j'ai une mission bien importante, bien secrète à vous confier.

LÉONTINE.

Qu'est-ce donc?

GASTON.

Mon ami, je suis amoureux.

LÉONTINE, *avec étonnement et émotion.*

Ah! et sans doute que vous êtes payé de retour?

GASTON.

Eh! mon Dieu, non!

LÉONTINE.

Cela m'étonne.

GASTON.

Cette remarque est bien obligeante, et je vous en remercie; mais, mon cher enfant, je suis né sous une étoile fatale : jusqu'à présent je n'ai jamais pu réussir à me faire aimer d'une femme.

LÉONTINE, *le regardant avec embarras.*

En êtes-vous bien sûr, monsieur?

GASTON.

Très sûr! Sous le prétexte que je suis dans la diplomatie toutes les femmes s'imaginent que je suis fait pour tromper.

LÉONTINE.

Il est bien fâcheux d'être si mal jugé...

GASTON.

Aussi, j'ai pensé qu'il fallait changer de système, et j'ai imaginé d'agir comme certains rois prudents qui font plus de conquêtes par leurs ambassadeurs que par une guerre souvent douteuse...

LÉONTINE.

Et votre projet serait...

GASTON.

De vous nommer mon plénipotentiaire d'amour près d'une charmante Italienne qui ne m'a pas encore accordé un regard favorable.

LÉONTINE, *très émue.*

Oh! monsieur, que me proposez-vous?.. qui, moi! jouer un pareil rôle... Ah! vous ne pouvez imaginer à quel point il me convient peu...

GASTON, *étonné.*

Pourquoi donc vous effrayer ainsi?.. vous êtes tout ému?.. vous tremblez comme si c'était pour votre compte...

DUO.

LÉONTINE.

J'ignore, hélas! l'art de séduire,
Je suis naïf et sans détour;
Pour bien savoir ce qu'il inspire,
Il faudrait connaître l'amour.

GASTON.

Vous apprendrez l'art de séduire
Quoique naïf et sans détour;
Pour bien savoir ce qu'il inspire
Il suffit de parler d'amour.
C'est Angéla que j'adore,
Car je dois vous la nommer.

LÉONTINE.

Mais ce feu qui vient d'éclore
Est-ce à moi de l'exprimer?

GASTON.

Du succès je réponds d'avance,
Votre candeur la trompera,
Et la coquetterie cédera
Au charme de votre innocence.

LÉONTINE.

Oui, mais pour me faire écouter,
Il s'agit d'abord de m'instruire.

GASTON.

Je vais essayer de vous dire
Ce qu'il faudra lui répéter.

LÉONTINE.

Ah! dites-moi, je vous en prie,
Ce qu'il faudra lui répéter.

GASTON.

 « Rose d'Italie,
 » Un Français charmé
 » Va perdre la vie
 » S'il n'est pas aimé! »

LÉONTINE, *répétant.*

 « Rose d'Italie. etc. »

GASTON.

 « Votre indifférence
 » Cause son malheur,
 » Calmez la souffrance
 » De son tendre cœur!

LÉONTINE, *répétant.*

 « Votre indifférence, etc. »

GASTON.

C'est parfait, tout réussira,
Et vous soumettrez la rebelle!

LÉONTINE, *avec dépit.*

Ah! qu'elle est heureuse, Angéla!

GASTON.
Elle est si brillante et si belle!
Que sa conquête, en vérité
Flatte surtout ma vanité!..

LÉONTINE.
Eh bien! malgré ma craintive ignorance
Je suis à vous par la reconnaissance ;
Je la verrai,
J'obéirai!..

ENSEMBLE.

LÉONTINE.
Destin contraire,
Que dois-je faire,
Si pour lui plaire
Il faut le faire aimer?

GASTON.
Destin prospère,
Il va j'espère,
Pour mieux me plaire,
Ici me faire aimer.

SCENE V.

LES MÊMES, GRATIEN, *sortant de l'ambassade.*

GRATIEN, *tenant une lettre.*

M. de Coulanges... une lettre de l'ambassadeur!..

GASTON, *la prenant avec humeur.*

De l'ambassadeur?.. voilà l'ennui qui arrive. (*Il ouvre la lettre et la lit.*) « De l'île de Caprée, 15 mars 1809. Mon cher Gas-
» ton, on nous a conduit ici à la remorque, les débris de la
» corvette l'Amphytrite...

LÉONTINE, *avec joie.*

L'Amphytrite!.. Ah! monsieur, c'est le navire sur lequel j'é-
tais embarquée!..

GASTON.

Ah!.. ah!.. ceci m'intéresse bien davantage, alors. (*Il continue.*) « Ce bâtiment de l'État est hors de service; plu-
» sieurs matelots et le maître de l'équipage ont eu le bonheur
» d'échapper. Je vous adresse ces individus pour que vous leur
» fassiez obtenir tous les secours dont ils ont le plus pressant
» besoin ; ils arriveront demain à Naples, etc. etc. »

LÉONTINE.

Tant de personnes sauvées!.. Oh!.. si mon pauvre frère!..

GASTON.

Conservons quelqu'espérance, mon ami... je ferai prendre des renseignemens... et je vais moi-même de ce pas au ministère de la marine.

L'Aspirant. 2

LÉONTINE.

Ah!.. monsieur... tant de preuves d'intérêt!..

GASTON.

Seront plus que payées si vous réussissez dans la mission dont je vous ai chargé. (*A Gratien.*) Gratien, pendant mon absence tu ne laisseras entrer personne à l'ambassade.

GRATIEN.

C'est juste, Monsieur!..

GASTON, *à Léontine.*

Je vous quitte... attendez Angéla dans ce jardin, elle va sans doute venir s'y promener comme à l'ordinaire, profitez de l'occasion et sachez bien dissimuler.

Il sort par le fond.

LÉONTINE, *le regardant sortir.*

Et c'est lui qui me condamne à le faire aimer par une autre. (*On entend des éclats de rire dans la maison d'Angéla.*) C'est elle, rentrons pour réfléchir à ce que je lui dirai.

Elle rentre à l'ambassade avec Gratien.

SCÈNE VI.

ANGÉLA, *sortant en riant de la maison à droite du public.*

Ah! ah! ah! ah! j'en ris comme une folle...
Mon pauvre Corbino, vous êtes prisonnier...
Et pour changer la règle de l'école,
Voilà le professeur puni par l'écolier!..
 Je rends grâce à ma folie,
 A ma chère étourderie.
 Si par elle dans ce jour
 J'échappe à la jalousie,
 A tous les chagrins d'amour.
Et cependant à présent, oui, j'y pense,
On dirait à l'aspect de ce jeune étranger,
Qu'un sentiment nouveau dans mon cœur prend naissance?
 Je suis émue en sa présence,
 Et ma gaîté ne peut me protéger.
 A l'amour, à son trouble extrême
 Mon cœur serait-il donc livré?
Eh bien, Léon, s'il est vrai que je t'aime,
 Ah! que pour moi dans l'instant même,
D'autant d'amour ton cœur soit enivré...
Mais qu'est-ce donc?.. à la mélancolie
Eh quoi! je m'abandonnerais!
 Non, ce serait une folie,
Et si d'aimer je prends la fantaisie,
 A mon heureuse étourderie
 Je m'abandonne pour jamais.
 Unissons en ce jour
 Le plaisir et l'amour.
 Je permets à mon cœur
 D'être tendre;

Mais jamais de langueur,
Je n'y veux rien entendre !
Léon, c'est là le bonheur même,
Aime-moi donc comme je t'aime !
Douce allégresse,
Ah ! je sens là
Qu'à ma tendresse,
Il répondra.

Léontine reparaît.

SCENE VII.
ANGÉLA, LÉONTINE.

ANGÉLA, *apercevant Léontine.*

Ah ! c'est vous, M. Léon, figurez-vous que je viens de jouer un tour bien drôle à mon vieux professeur.

LÉONTINE.

Comment, madame ?

ANGÉLA.

Je l'ai enfermé dans ma chambre pour me soustraire à ses démonstrations fatigantes... Mais que devenez-vous donc, monsieur... il y a trois jours qu'on ne vous a vu ?

LÉONTINE.

Il est vrai, je me suis absenté quelquefois pour aller visiter votre belle ville de Naples.

ANGÉLA.

Eh bien ! qu'en pensez-vous ?

LÉONTINE.

Je pense qu'il faut encore revenir près de vous pour voir ce qu'elle renferme de mieux...

ANGÉLA, *la regardant en riant.*

Oh ! voilà un compliment bien exagéré pour un Français, c'est de l'italien tout pur... mon professeur appellerait cela, je crois, un superlatif ?

LÉONTINE.

Je répète ici ce que j'ai entendu dire cent fois à l'ambassade par M. Gaston de Coulanges.

ANGÉLA.

Ah ! oui... le jeune secrétaire.

LÉONTINE.

Lui-même, madame, qui s'est imposé le devoir de vous plaire, pour vous mettre dans l'obligation de l'aimer, et qui m'a donné l'ordre de vous en faire l'aveu formel.

ANGÉLA, *riant.*

Oh ! formel est ravissant !.. mais, c'est une déclaration de guerre que je reçois là...

LÉONTINE.

M. Gaston vous adore, madame, avec des expressions très exaltées... il y a du désespoir... des menaces de suicide dans sa passion...

ANGÉLA, *riant*.

Et un discernement bien rare dans le choix de son confident... vous nous ne vous apercevez donc pas, monsieur, que vous ces sentimens deviennent ridicules par la manière dont vous venez de les peindre.

LÉONTINE.

Que voulez-vous ? c'est mon coup d'essai en diplomatie, madame.

ANGÉLA.

Ecoutez... M. de Coulanges a déjà pu deviner mes dispositions pour lui, je sais qu'il est d'une naissance illustre, qu'il a des qualités brillantes... mais, tous ces dons heureux ne me touchent pas...

LÉONTINE, *avec joie*.

Est-ce bien vrai, madame ?..

ANGÉLA.

Très vrai! puisque malgré mon caractère étourdi, je crois qu'un autre que M. de Coulanges est parvenu à me plaire.

LÉONTINE, *vivement*.

Eh bien! mais cette raison est la meilleure de toutes... il faut donner suite à cet amour-là!.. les mariages les plus prompts sont toujours les plus heureux.

ANGÉLA.

Quelle chaleur pour mes intérêts...

LÉONTINE.

Ah!.. c'est que vous méritez si bien le bonheur... Et pourrait-on savoir..

ANGÉLA.

Oh! non... c'est de ma part un caprice qui n'a pas le sens commun... je ne sais même pas bien au juste où j'en suis avec mon cœur...

SCENE VIII.

LES MÊMES, CORBINO, *paraissant à la fenêtre de la maison à gauche*.

CORBINO.

Noble dame !.. j'attends toujours...

ANGÉLA.

Ah!.. c'est encore vous, M. Corbino ?

CORBINO.

C'est moi, avec ma grammaire française...

ANGÉLA.

Mais vous ne vous apercevez donc pas que je suis occupée.

CORBINO.

Vous ne vous apercevez donc pas que je suis prisonnier?..

ANGÉLA.

C'est bien fait... c'est une leçon que je vous devais...

CORBINO.

Une leçon... permettez-moi alors, de vous la rendre *subito*.. il y a plus d'une heure que vous me tenez en suspends... sur l'indicatif présent.

ANGÉLA, *vivement*.

Il n'est pas question de cela dans un moment pareil... Ah! si cependant, il me vient une idée!.. Eh bien! restez là mon cher professeur... je prendrai ma leçon d'ici... ce sera plus drôle.

CORBINO.

Je ne sais pas jusqu'à quel point ce sera drôle; mais vous ne m'avez jamais fait sentir aussi mathématiquement qu'aujourd'hui, toute la distance qui me sépare de vous.

ANGÉLA.

M. Léon, ayez la complaisance de m'écouter... vous me direz si je fais des fautes.

LÉONTINE.

Volontiers...

CORBINO.

Vous savez, Madame, que nous en étions resté à la première conjugaison...

ANGÉLA.

Du verbe aimer.

CORBINO, *tenant sa grammaire*.

Hélas! oui!..

Il soupire.

TRIO.

Indicatif présent : J'aime.

ANGÉLA, *regardant Léontine*.

Je vous aime!..
Je vous aimerai toujours!..

LÉONTINE.

Fort bien!

CORBINO.

Mais l'erreur est extrême!
Je n'entends rien à ce discours.

ANGÉLA.

Moi, je l'entends mieux que vous-même.

LÉONTINE et ANGÉLA.

C'est bien cela (bis).

CORBINO.

Ce n'est pas ça (bis).
Allons, allons,
Recommençons :
Indicatif présent : J'aime.

ANGÉLA.

Je vous aime !
Je vous aimerai toujours !

CORBINO.

Encor (bis) même discours !
Mais ce n'est pas cela !
Vous exprimez tout le contraire
Du sens voulu par la grammaire.

ANGÉLA.

Ah ! de votre colère, je ris,
Car l'important, c'est d'être compris !..

CORBINO.

Mais, belle signora, les verbes
Sont toujours froids quand on les dit,
En faisant des phrases superbes,
Vous leur ôtez tout leur esprit.

ANGÉLA.

L'exemple ne peut me séduire,
Car les mots qui partent du cœur,
Ne gardent jamais leur froideur
Près de celui qui les inspire.

ENSEMBLE.

CORBINO, *à part.*

Quel sentiment l'inspire ?
Quel trouble, quel soupçon ?
Et que veut-elle dire
Par cette autre leçon ?

LÉONTINE, *à part.*

Quel sentiment l'inspire ?
Et quel nouveau soupçon !
Qu'a-t-elle voulu dire ?
Ecoutons la leçon.

ANGÉLA, *regardant Léontine.*

Tout ce que je désire,
C'est qu'il ait un soupçon
De ce qu'on veut lui dire
Pendant cette leçon.

CORBINO et LÉONTINE.

Oui, son discours m'étonne,
Sa raison l'abandonne ;
Quand on la comprendra,

Bientôt on s'entendra.
Sa ruse est-elle bonne ?
Ici personne
Ne la soupçonne,
Et l'espoir qu'elle donne,
Dans cette épreuve-là
S'expliquera.

ANGÉLA.

Mon adresse l'étonne,
Sa raison l'abandonne;
Quand il me comprendra,
Bientôt il m'aimera.
Je crois ma ruse bonne,
Ici personne
Ne la soupçonne;
Oui, la ruse est fort bonne,
Et cette épreuve là
Réussira.

CORBINO.

Le professeur las de sa pénitence,
Voudrait bien sortir, signora ?..

LÉONTINE.

Ne pouvez-vous adoucir sa sentence ?..

ANGÉLA, *à Corbino.*

Frappez, on vous délivrera.
     Corbino disparaît.

LÉONTINE, *à part.*

Ce professeur changeant de rôle
Aurait-il su la captiver ?
Elle est si bizarre et si folle !..

ANGÉLA, *à part, regardant Léontine.*

Bien qu'il me trouve un peu frivole,
Ce que j'ai dit le fait rêver !..
Mais je vais bien mieux l'éprouver.

CORBINO, *paraissant.*

Me voilà, céleste écolière,
Je viens tomber à vos genoux...

ANGÉLA, *à demi-voix.*

Silence !.. il faut qu'avec mystère
Ici, je vous parle, entre nous...
Taisez-vous !.. surtout taisez-vous !..
Elle l'emmène près du berceau et lui parle bas.

LÉONTINE, *les regardant.*

Un complot !.. une confidence !..
Il faut pénétrer leur secret,
Et pour découvrir leur projet,
Observons tout avec prudence.

ANGÉLA, *lui remettant une bague. A Corbino.*

Ensuite, il restera seul...

CORBINO.

    Bien !..

ANGÉLA.

Et vous n'en direz jamais...

CORBINO.

Rien !..

ANGÉLA.

Adieu, M. Léon...

LÉONTINE.

Adieu !..

CORBINO, *à part.*

O l'aimable aventure,
Tout change de figure,
Fortuné, maître de français,
Te voilà certain du succès.

ENSEMBLE.

LÉONTINE *et* CORBINO.

Oui, son discours m'étonne, etc.

ANGÉLA.

Mon adresse l'étonne, etc.

Angéla rentre chez elle.

SCÈNE IX.

CORBINO, LÉONTINE.

CORBINO.

Jeune homme, nous avons beaucoup de choses à dire tous les deux...

LÉONTINE.

Tant mieux !.. car j'ai aussi le désir de vous parler...

CORBINO.

Vous êtes un étranger... vous débarquez dans la ville de Naples, Parthénope vous reçoit dans son sein, et le premier pas que vous y faite est une immoralité...

LÉONTINE.

Ah ! ça, Monsieur, où voulez-vous en venir ?..

CORBINO.

A une conclusion bien remarquable... astucieux enfant que vous êtes, et que j'expliquerai par cette vieille pensée de Virgile. — « *Timeo Danaos, et dona ferentes !..* »

LÉONTINE.

Je ne vous entends pas d'avantage.

CORBINO.

Attendez !.. et quand ce même Virgile nous disait des Grecs » d'autrefois... » Je les crains jusque dans leurs présens !.. » il aurait pu tout aussi bien le dire des Français d'aujourd'hui !.. (*Il lui présente une bague.*) Connaissez-vous cet anneau, petit serpent tentateur...

LÉONTINE, *le regardant.*

Non, monsieur !.. je ne le connais pas.

CORBINO.

Voilà qui passe toutes les bornes de la duplicité !.. N'êtes-vous pas venu remplir ici un message d'amour près de la signora Angéla?

LÉONTINE.

C'est possible...

CORBINO.

Ne lui avez-vous pas spécialement parlé au nom de M. Gaston de Coulanges?..

LÉONTINE.

Je l'avoue...

CORBINO.

Eh! bien, elle renvoie à M. le Secrétaire d'ambassade, cette bague que vous avez offert de sa part...voilà tout le mystère...

LÉONTINE.

Moi, j'ai remis une bague?..

CORBINO.

Et c'est là votre plus grand crime, messager imberbe !.. séducteur par procuration !..

LÉONTINE.

Mais je vous jure qu'on s'est moqué de vous... il n'a jamais été question...

CORBINO.

Allons, ne plaisantons plus... et reprenez l'anneau, s'il vous plaît..

LÉONTINE, *à part, le prenant.*

Quelle est son intention... ceci cache encore un mystère?.. est-ce un moyen de faire savoir à Gaston...

CORBINO.

Et prévenez bien M. de Coulanges, qu'on ne veut plus entendre parler de lui... envoyer des bagues avec des devises, c'est d'une fatuité insupportable, parole d'honneur!

LÉONTINE.

Ah!.. il y a une devise?.. Il s'ouvre donc...

CORBINO.

Eh!.. vous le savez bien...

LÉONTINE, *ouvrant l'anneau.*

En effet... (*Elle lit.*) « Amour éternel!.. » C'est une déclaration...

CORBINO.

« Amour éternel. » Ces français sont sans gêne ; quand ils voyagent comme ça...il semble que toutes nos femmes leur

L'Aspirant.   3

doivent quelque chose... et ils font une si grande provision d'*amour éternel* pour l'étranger qu'ils n'en laissent jamais dans leur pays...

LÉONTINE.

Il paraît qu'il n'est pas si facile de plaire aux Napolitaines que les Français pourraient le supposer?..

CORBINO.

Vous en avez la preuve à votre doigt... D'ailleurs, je répondrais que la signora Angéla ne se remariera jamais qu'avec un italien.

LÉONTINE.

Et connaissez-vous quelqu'un?

CORBINO, *avec sentiment.*

Oh! oui, je connais quelqu'un; c'est un infortuné d'un âge mûr; un savant, un sage, qui se laisse devenir fou de jour en jour, qui aime sans espoir, et qui mourra sans souffler le mot.

LÉONTINE.

C'est pourtant le dernier parti à prendre.

CORBINO.

Eh! que voulez-vous qu'il devienne... le malheureux; il ne sait à quel saint se vouer, il n'a personne à qui conter ses peines, il soupire tout bas, tout seul.

LÉONTINE.

Mais c'est donc quelque sot?

CORBINO.

Non!.. Il ne se croit pas précisément dans cette classe-là.

LÉONTINE.

Alors, qu'il s'explique; tenez, je m'offre pour le servir, moi...

CORBINO.

Quoi, généreux enfant!.. Eh bien, ce fou à lier, cet homme audacieux, ce téméraire qui ose porter ses vœux si haut, c'est votre très humble et très déplorable serviteur.

LÉONTINE, *étonnée.*

Vous!

CORBINO

N'est-ce pas que c'est bien absurde?

LÉONTINE.

Oh! c'est effrayant... Mais pourtant l'amour est un feu qui dévore tout...

CORBINO.

Et par conséquent le bois sec doit brûler encore mieux que le bois vert.

LÉONTINE, *à part.*

Au fait, donnons-lui de l'espoir... sa folie peut me servir. (*Haut.*) Allons, je verrai la belle Angéla. Après tout, cette veuve a des idées si bizarres... j'éclaircirai tout cela : vous, de votre côté, veillez bien à ce que M. de Coulanges ne puisse avoir aucun entretien avec elle.

CORBINO.

Ne craignez rien, je la garderai à vue, je me fais sa sentinelle... je me battrais même pour défendre mon trésor.

LÉONTINE.

C'est très bien. Je vous quitte afin d'aller rendre compte de ma mission, et savoir si M. Gaston a des nouvelles de nos pauvres naufragés.

SCÈNE X.
CORBINO, *seul.*

Intéressant jeune homme ! quel plaisir il éprouve à se dévouer pour les autres !.. C'est à toi, Rousseau, c'est à ton Héloïse que je devrai ma victoire !.. Je l'ai expliqué à ma belle veuve, ce roman sublime, et voilà pourquoi le professeur de grammaire Corbino est devenu un autre Saint-Preux ! (*Dans ce moment on jette une lettre par la fenêtre de la maison d'Angéla. Elle tombe aux pieds de Corbino qui la ramasse.*) Qu'est-ce que c'est que ça ?.. un billet !.. (*Il lit.*) A lui ! c'est à moi ! ouvrons-le... oh ! c'est son écriture... un peu déguisée, mais bien reconnaissable pour moi. « Si cette lettre tombe dans vos mains, médi-
» tez-la !.. Quoique la fortune m'ait placée au-dessus de vous,
» ne vous effrayez point de mon opulence. Vous devez main-
» tenant avoir tout compris et tout deviné : je veux vous faire
» sortir de votre humble obscurité, et si mes vœux sont partagés,
» trouvez-vous dans une heure, ici, sous le berceau ; le signal
» sera un couplet chanté en français : je paraîtrai, et c'est
» alors que je me ferai connaître. » Pas de signature ! c'est ce qui éclaircit tout. Corbino, ta destinée s'accomplit. Oui, femme adorable, tu peux te flatter que j'y serai au rendez-vous. (*Il regarde la lettre.*) C'est qu'il n'y a pas moyen de mettre en doute l'identité !.. Voilà la faute de français que je lui reproche toujours dans ses verbes : je paraîtrai, t, r, é, tré ! Heureuse faute, va, je te connais comme si je t'avais faite ! Mais j'entends bien du bruit sur le pont. (*Il regarde.*) Ce sont des marins français qui débarquent !.. Eh ! que m'importe !

FINAL.

De la beauté je suis vainqueur !
J'arrive enfin avec honneur,
Par la grammaire, jusqu'au cœur
De ma charmante élève !

Mon sort heureux doit étonner,
Rien ne peut plus me détrôner ;
En enseignant à décliner,
    Voilà comme on s'elève !..
Je ris de vos dédains,
    Sur vous j'ai la pomme,
Seigneurs Napolitains,
    Fiers et hautains !..
Voyez pourtant, voyez comme
L'amour peut rendre bel homme,
Le plus simple des humains !

Pour la séduire tout-à-fait
Sous un costume bien coquet,
Je vais paraître au grand complet
    En troubadour fidèle !
Je prends un air de dignité,
Une guitare à mon côté,
Et puis je chante à ma beauté
    Une chanson nouvelle !
Car mes accens divins
    Que chacun renomme,
Ont des cœurs féminins,
    Su les chemins...
Voyez pourtant, voyez comme
L'amour peut rendre bel homme,
Le plus simple des humains !

SCENE XI.

CORBINO, ANGÉLA, *paraissant à sa fenêtre.*

ANGÉLA.

A-t-il reçu mon message ?
A-t-il compris mon billet ?

CORBINO.

Une beauté si volage,
Ah ! pour moi quel succès complet !

ANGÉLA, *appercevant Corbino.*

C'est mon professeur ?.. ah ! peut-être
Que Léon, craignant de le voir,
S'est caché pour lire ma lettre,
A présent il doit tout savoir...
    Heureux espoir !

CORBINO.

Heureux espoir !..

ENSEMBLE

Le plaisir me transporte,
Ma puissance l'emporte,
Je sens battre mon cœur,
De joie et de bonheur !

CORBINO.

Ce tendre billet qui m'honore,
Cent fois je veux le lire encore.

Il va se placer sous le berceau et lit tout bas.

ANGÉLA.

Ici je veux l'attendre encore,
Il va m'apporter le bonheur!

Reprise.

Le plaisir me transporte, etc.

Angéla disparaît de sa fenêtre. Corbino sort par le fond.

SCENE XII.

Les Mêmes, Plusieurs MARINS *venant par le fond.*

CHOEUR.

Allons, cher camarade!
Nos tourmens sont finis,
Nous voici dans la rade
Qui conduit au pays.
Oublions notre peine,
Le ciel est le plus fort,
Le bon vent nous ramène,
Et nous touchons au port.
Un matelot s'avance pour sonner.
C'est bien ici
L'hôtel de l'ambassade?

TOUS.

Oui c'est ici, etc.

LE MATELOT.

Nous allons y trouver un appui.

TOUS.

Allons, sonnons ici,
Nous y trouverons un appui.

Reprise du Chœur.

SCENE XIII.

Les Mêmes, GRATIEN, *paraissant à la porte.*

GRATIEN.

Que voulez-vous?

LE MATELOT.

Avoir l'honneur
De parler à l'ambassadeur.

GRATIEN.

On n'entre pas; son Excellence
Ne vous recev'ra que demain.

LE MATELOT.

Quoi demain?

GRATIEN.

Oui demain!

Il disparaît et referme la porte.

TOUS LES MATELOTS.

On nous traite avec ce dédain !

Les marins font quelques pas pour sortir.

LÉONTINE, *accourant vivement de l'ambassade.*

Les matelots de l'Amphytrite !..

Arrêtez mes amis !

Tous les marins se mettent sur une ligne ; Léontine examine leurs traits avec inquiétude, et les passe en revue l'un après l'autre; pendant ce temps la musique seule se fait entendre; arrivée au dernier elle revient sur la scène en s'écriant :

Mon pauvre frère est mort !..
Me voilà seule au monde ! ah ! quel sera mon sort!

TOUS LES MATELOTS.

Partons, partons sans résistance,
Nous reviendrons ici demain ;
Et sûrs de notre délivrance
Nous répéterons ce refrain,
Allons cher camarade, etc.

LÉONTINE.

Ah ! la douleur m'accable
Pour moi tout est fini,
Le destin implacable
M'ôte mon seul ami!
Je n'avais plus de peine
Mais hélas vain effort,
Le malheur la ramène
Quand je touchais au port !

Les marins sortent par le fond, Léontine rentre à l'ambassade.

Fin du premier acte.

ACTE II.

Même décoration.

SCÈNE PREMIÈRE.
GUILLAUME, LÉON.

GUILLAUME, *paraissant à la grille, et faisant signe à Léon.*

DUO.

Par ici, mon enfant! venez donc par ici !
Tenez voici le lieu de notre délivrance

LÉON, *lisant l'inscription.*

« Ambassade Française ! » Ah ! oui plus de souci !
Sans crainte et sans regrets, comme au pays de
Nous pouvons jetter l'ancre ici ! [France.

ENSEMBLE.

Rivage de Sicile,
Ah ! par toi, protégé !
Viens donner un asile,
Au pauvre naufragé !
Naguères, la tempête
Grondait sur notre tête
Et pour nous engloûtir !
La mer semblait s'ouvrir.
Après tant de misère
Qu'il est heureux pour nous
D'avoir enfin pris terre
Sous des climats plus doux !

Rivage, etc.

LÉON.

Pays charmant, ah ! pour nous quelle fête !
Comprends-tu bien l'excès de mon bonheur !

GUILLAUME.

Pays charmant, ah ! pour nous quelle fête !
Comprenez-vous l'excès de mon bonheur !

LÉON.

Je volerai, de conquête en conquête
Et du destin j'oublierai la rigueur !

GUILLAUME.

Je viderai mainte et mainte feuillette
Et du destin j'oublierai la rigueur !

LÉON.

Espoir flatteur ! que mon âme est ravie !
Tout me séduit dans ce riant séjour,
J'y vais enfin pour embellir ma vie
Réaliser mes doux rêves d'amour.

GUILLAUME.

Espoir flatteur, que son âme est ravie.
Tout le séduit dans ce riant séjour;
Il croit ici pour embellir sa vie,
Réaliser ses doux rêves d'amour !

LÉON.

Une femme aimable,
La danse et les jeux,

GUILLAUME.

Une bonne table,
Des vins généreux !

ENSEMBLE.

Voilà les biens dont je suis amoureux.

LÉON.

On est heureux près de femme charmante !

GUILLAUME.
On est heureux avec d'excellent vin !

LÉON.
Tous les attraits, tous les biens que l'on vante
Je crois les voir dans ce sexe divin !

GUILLAUME.
Tous ces attraits, tous ces biens que l'on vante
Je crois les voir quand j'ai mon verre plein.

LÉON, (reprise.)
Ah ! pour nous quelle fête, etc.

GUILLAUME, (reprise.)
Je viderai mainte et mainte feuillette etc.

ENSEMBLE.
Rivage de Sicile, etc.

GUILLAUME.

En effet, après les bourasques, les avaries que nous avons essuyées, nous sommes bien heureux, M. Léon, de trouver le soleil de Naples pour nous sécher!

LÉON.

Oui sans doute, et si tu n'avais pas su nager mieux que moi, l'Amphytrite serait veuve de tout son équipage; c'est ma pauvre sœur surtout que je regrette... chère et malheureuse Léontine !..

GUILLAUME.

Il faut avoir le courage de vous consoler, mon ami... nous autres marins, voyez-vous, nous sommes les enfans du malheur !..

LÉON.

Hélas ! tu as raison !.. Enfin nous voici à Naples, ce pays de l'amour et des jolies femmes ; il doit y avoir des choses bien curieuses à connaître.

GUILLAUME.

Ah ! nous y voilà !.. vous ne pensez qu'aux femmes, vous, petit corsaire.

LÉON.

Oui, mon ami, je l'avoue !.. la vue d'une femme m'exalte, m'énivre de plaisir... quand je suis en mer je les adore toutes, mais quand je suis à terre, j'en ai peur.

GUILLAUME.

Voyez-vous ça... il a l'audace de me dire qu'il en a peur ! effronté que vous êtes, ce sont les dames qui doivent plutôt avoir peur de vous !

LÉON.

Dis-moi donc, Guillaume, tu es déjà venu à Naples plusieurs fois ?

GUILLAUME.

Oui.

LÉON.

Tu dois y avoir des amis ; ne pourrais-tu pas me présenter à quelque belle de ta connaissance ?

GUILLAUME.

Moi !.. je n'en connais pas une seule, je passais tout mon temps au casino à boire et à fumer... d'ailleurs, les Italiennes vous mèneraient trop loin.

LÉON, *vivement*.

Oh ! tant mieux !.. je ne demande que ça, je veux aller loin !..

GUILLAUME.

Stope !.. diminuons de voilure s'il vous plaît... je dois veiller sur vous, enfant, c'est bien assez d'un naufrage.

LÉON, *frappant du pied*.

Ah !.. tu es toujours comme ça.

GUILLAUME.

Mais je vous répète que je n'ai jamais vu en face une dame de la ville, si ce n'est pourtant une signora, qui demeure ici dans cette maison, et chez laquelle un jour j'ai allumé ma pipe en venant comme aujourd'hui à l'ambassade.

LÉON.

Et cette dame est-elle jolie ?

GUILLAUME.

Je crois que oui, car ces Napolitaines c'est toujours sous voile !.. du reste, elle parle français.

LÉON.

Ah !.. c'est déjà bien agréable pour s'entendre.

GUILLAUME.

Sans doute, mais ce trésor-là n'est pas pour vous. Vous allez m'attendre ici ; je vais retenir deux chambres au casino de l'Éléphant où je loge d'ordinaire ; soyez prudent et n'oubliez pas que pour un marin, la terre est aussi dangereuse que la mer.

COUPLETS.

Dans une nuit sans étoiles.
Le marin court vers l'écueil,
Le vent déchire les voiles
Dont il fera son linceuil;
Quand le danger le menace,
Il boit sans s'épouvanter;
La mort le voit face à face
Sans l'empêcher de chanter:
  Bravant
  Souvant,

L'*Aspirant*.   4.

La pluie et le tonnerre,
Son cœur gémit, mais il ne tremble pas.
Et quand l'horizon s'éclaire,
Qu'il ne craint plus le trépas,
Il fait tout bas sa prière,
Au bon vieux saint Nicolas.

Débarqué sur le rivage
Après des jours inconstans,
Il retrouve son ménage
Et sa femme et ses enfans.
Mais hélas! terreur nouvelle,
Il craint un autre accident,
Femme peut-être infidèle
Quand son époux est absent!
Il suit
Sans bruit,
De l'œil sa ménagère,
Pour deviner et savoir ses faux-pas.
Ce que les maris sur terre
Sont partout; s'il ne l'est pas,
Il fait tout bas sa prière
Au bon vieux saint Nicolas.

Il sort par le fond.

SCÈNE II.

LÉON, *seul.*

Il regarde la maison d'Angéla.

Ah! il y a une jolie femme si près de moi!.. c'est donc pour cela que le cœur me bat déjà... Oh! si je pouvais l'apercevoir seulement à travers sa jalousie; c'est qu'il paraît que les dames de ce pays ne s'effrayent pas du tout des étrangers, et c'est justement ce qu'il me faut à moi!.. mais comment oserai-je?.. ah !.. chantons, elle se mettra peut-être à sa croisée et je la verrai.

De la rive napolitaine,
Quand vos attraits vous ont fait reine
Ah! n'allez pas avec rigueur
Traiter le pauvre voyageur.
D'amour, oui son âme est saisie!
Il veut un regard aujourd'hui;
Soulevez cette jalousie
Qui vous sépare encore de lui.
Hélas! personne ne répond!..

ANGÉLA, *dans la maison.*

Encore un moment de prudence,
Avant peu, j'en ai l'espérance,
Le jeune et gentil voyageur
Aura rencontré le bonheur;
Alors aux pieds de son amie,
Il viendra peut-être aujourd'hui,
Et bénira la jalousie
Qui la sépare encor de lui.

LÉON.

Dieu! quelle voix enchanteresse!..
On me répond, Ah! c'est charmant!
Et sans avoir vu ma maîtresse;
J'étouffe déjà de tendresse,
Comme l'amour ici vient promptement.

SCÈNE III.

LÉON, ANGÉLA, *sortant voilée.*

ANGÉLA.

C'est lui!.. je suis toute troublée!
Ses accens pénètrent mon cœur!

LÉON, *la voyant.*

Quelqu'un... une femme voilée!
Si c'était elle!.. ah! quel bonheur!

ENSEMBLE.

LÉON.

Oui cette voix enchanteresse
Annonce un visage charmant,
Et sans avoir vu ma maîtresse;
Je suis un heureux amant!

ANGÉLA.

Ah! ses yeux brillent de tendresse,
Je le trouve encor plus charmant;
De son cœur, oui je suis maîtresse
Ah! pour moi quel doux moment.

ANGÉLA.

En m'annonçant ainsi votre présence par le signal convenu...

LÉON, *à part.*

Le signal convenu...

ANGÉLA.

Je vois que ma lettre vous est parvenue comme je le désirais.

LÉON, *à part.*

Sa lettre?.. est-ce que nous avons eu une correspondance ensemble?

ANGÉLA.

La démarche que je fais en ce moment, paraîtrait bien inconcevable, M. Léon.

LÉON, *à part.*

Léon!.. qui lui a dit mon nom?

ANGÉLA.

Si je ne m'étais déjà fait comprendre tantôt par l'envoi de ma bague.

LÉON, *à part.*

Est-ce une méprise?.. me prend-on pour un autre...

ANGÉLA.

Et vous perdrez le droit de me juger sévèrement quand je me serai bien expliquée... venez, venez ici, monsieur.

Elle lui indique le berceau.

LÉON, *allant s'y asseoir avec elle, à part.*

Ma foi, laissons-nous conduire, et profitons d'une erreur de l'amour.

ANGÉLA.

Mais vous paraissez embarassé!.. mon langage a l'air de vous surprendre.

LÉON, *avec gêne.*

Il me surprend très agréablement, madame, quoique je ne sois pas encore bien sûr... vos discours, cette lettre et surtout cette bague... l'excès d'un bonheur bien au-dessus de mes espérances.

ANGÉLA.

Allons, encore de la timidité!.. l'émotion change jusqu'à votre voix.

LÉON.

C'est que ma position est bien extraordinaire...

ANGÉLA.

Je vais la rendre toute naturelle; écoutez-moi : mariée dès l'enfance à un vieillard que je craignais, je n'avais jamais connu l'amour... vous êtes arrivé ici, votre candeur, votre modestie, les dangers de votre naufrage...

LÉON.

De mon naufrage!.. (*A lui-même.*) voilà le plus incroyable, par exemple.

ANGÉLA.

Oui, Léon... tout cela m'a inspiré pour vous un sentiment nouveau que je n'ai pas cherché à combattre. Je suis riche, très riche... et cette main que j'ai refusée à tant de seigneurs opulens... Eh bien! il me plaît, il me convient de vous l'offrir.

LÉON, *avec délire.*

Qu'entends-je?.. moi!.. votre époux!.. ah! madame!.. est-ce une illusion, une féerie? (*Avec chaleur.*) Mais j'ignore comment j'ai mérité... je ne puis comprendre... j'en deviendrai fou!.. (*A part.*) Du moins si je la connaissais; si je l'avais seulement vue une fois... (*A Angéla.*) Ah! de grâce, levez ce voile qui me dérobe encore un plaisir.

ANGÉLA.

Je veux bien... celle qui vous a fait lire dans son âme, n'a plus de raison pour vous cacher ses traits.

Elle lève son voile.

LÉON, *avec naïveté.*

Ah!.. Madame, que vous êtes jolie!

ANGÉLA, *riant.*

On croirait que vous me voyez pour la première fois...

LÉON, *à part.*

Que ce soit un quiproquo, une ressemblance, cela m'est égal... je croirai tout ce qu'elle voudra. (*Haut.*) Mais, madame, je crois rêver !

ANGÉLA.

Encore une fois, plus de doute, plus de crainte, puisque dès ce soir vous serez mon époux.

LÉON, *se jetant à ses genoux.*

Ah !.. mon ivresse !.. ma reconnaissance !.. chère... chère !.. (*A part.*) Et je ne sais pas son nom.

Il lui baise la main et ils continuent à parler bas dans le berceau.

SCÈNE IV.

LES MÊMES, CORBINO.

Il arrive par le fond en costume de marquis de Tulipano ; il a l'épée au côté et porte une guitare en sautoir.

CORBINO.

Me voilà complètement troubadour. Attaquons la romance... je suis ému comme une jeune fille qui se marie pour la première fois...

ANGÉLA, *sous le berceau et parlant à Léon.*

Maintenant, monsieur, j'espère qu'il ne sera plus question de M. Gaston ?..

CORBINO, *qui a entendu la voix.*

Ah ! ah ! il y a quelqu'un sous ce berceau ?

Il se place à côté.

LÉON.

Oh ! oui, M. Gaston ?

ANGÉLA.

Le secrétaire d'ambassade.

CORBINO, *à part.*

Oh ! c'est la signora avec le petit aspirant de marine... il lui parle en ma faveur, écoutons en catimini.

ANGÉLA.

Vous comprenez bien à présent qu'il n'y avait pas de place pour votre diplomate dans le cœur d'Angéla.

CORBINO, *à part.*

Je le crois, nous y aurions été un peu gênés tous les deux.

LÉON, *à part.*

Elle s'appelle Angéla !.. (*Haut.*) Alors, voilà un diplomate qui a son audience de congé.

CORBINO, *riant.*

Très bien ! très bien ! et voilà son remplaçant.
Il se désigne.

ANGÉLA.

Ainsi, tout est décidé; mais j'exige que vous gardiez jusqu'à demain le secret de mon amour pour vous.

CORBINO.

Pour lui !.. sainte Madone, qu'ai-je entendu ?

LÉON.

Oui, chère Angéla, cachons notre bonheur... des rivaux, des jaloux pourraient le troubler... nous ne le ferons connaître que lorsque nous serons unis.

CORBINO.

Pour le coup, c'est trop clair!.. comment ! le petit monstre agissait pour son compte... miséricorde...
En disant cela il froisse avec colère les cordes de sa guitare.

LÉON, *se levant.*

Quelqu'un !.. nous sommes surpris !

ANGÉLA, *regardant et remettant son voile.*

Mon vieux professeur!.. je ne veux pas qu'il sache...

CORBINO, *à lui-même.*

Oh ! j'étouffe !.. comme si j'étais dans le Vésuve... Commençons d'abord par dénoncer sa conduite infâme... à M. Gaston.
Il s'avance vers l'hôtel de l'ambassade.

LÉON, *à Angéla.*

Attendez !.. attendez !.. votre demeure est là... et pour ne pas vous compromettre, je me sauve chez vous.
En disant cela il disparaît.

ANGÉLA.

Eh bien ! eh bien, que faites-vous donc ?.. je ne dois pas permettre. (*En riant.*) Il est plus fou que moi.
Elle le suit vivement.

SCENE V.

CORBINO, *puis* LÉONTINE.

CORBINO, *s'arrêtant au moment de sonner.*

Non... il faut que je lui parle... et qu'une explosion terrible amène ici M. de Coulange. (*Léontine entre en scène par le fond, il la voit et va à elle.*) Angéla est partie, tant mieux... un mot, monsieur, si ça vous est égal.

LÉONTINE.

Parlez, M. Corbino, je venais ici pour vous...

CORBINO.

Pour moi?.. il est un peu violent celui-là... tous vos déguisemens sont inutiles, monsieur... on vous connaît supérieurement.

LÉONTINE, à part.

Que dit-il?.. est-ce qu'il saurait?..

CORBINO.

Et c'est ainsi que vous trompez un naïf professeur qui s'était confié à vous comme un imbécile... que je suis...

LÉONTINE.

Je ne vous comprends pas; en quoi vous ai-je trompé?

CORBINO.

Il le demande... il a l'incroyable ingénuité de le demander... comme si je ne venais pas de le surprendre en tête-à-tête avec celle qui se moque de moi...

LÉONTINE.

M. Corbino... mais vous devenez insensé.

CORBINO.

Je pétille!.. Ah ça, veux-tu m'empêcher de croire à ce que j'ai vu, perfide étranger?.. As-tu l'intention d'ajouter l'ironie à l'insulte?.. eh bien! ça ne se passera pas comme ça!.. nous allons croiser le fer et nous nous battrons!

LÉONTINE.

Me battre... moi!.. je ne veux pas... je refuse de vous rendre raison.

CORBINO.

Raison de plus.

LÉONTINE.

Mais je n'ai jamais touché une épée...

CORBINO.

Comment!.. et tu portes un uniforme français?.. allons, viens, suis-moi derrière le couvent des Franciscains!..

Il marche avec chaleur auprès de la grille.

LÉONTINE, rentrant à l'ambassade.

Sauvons-nous... et laissons ce furieux se livrer tout seul à ses extravagances...

Elle rentre.

SCENE VI.

CORBINO, au fond, LÉON, sortant de chez Angéla.

LÉON.

Elle persiste... et m'envoie chercher un notaire... obéissons toujours, nous nous expliquerons après le mariage.

CORBINO, *se retournant.*

Eh bien! monsieur, je vous attends...

LÉON, *étonné.*

A qui en a-t-il donc, celui-là?..

CORBINO.

Vous ne voulez donc pas que je lave mon outrage...

LÉON.

Quel outrage?

CORBINO.

Celui qui me donne le droit d'éteindre ma haine dans votre sang...

LÉON.

Voilà un drôle d'original?.. il paraît qu'ici la haine vient aussi vîte que l'amour...

CORBINO.

Ainsi, vous craignez de vous mesurer avec un homme exaspéré...

LÉON.

Qui vous a dit cela?

CORBINO.

Vous-même, tout-à-l'heure...

LÉON, *avec énergie.*

Vous êtes un imposteur... Fussiez-vous le dernier des lazzaronis de Naples, je ne vous refuserais pas une satisfaction.

CORBINO, *à part.*

Diable!.. comme il change de ton!.. (*Haut, se radoucissant.*) Mon enfant, entendons-nous... je conçois maintenant que vous ne puissiez pas vous battre.

LÉON.

Et moi, je ne le concevrais pas...

CORBINO.

Votre épée est beaucoup plus courte que la mienne.

LÉON.

Je ferai un pas de plus.

CORBINO, *à part.*

Voyez donc ce que c'est pourtant que de réduire un mouton au désespoir... on en fait un lion. (*Haut.*) Vous êtes bien jeune...

LÉON.

Et vous bien vieux... ça rétablit l'équilibre!.. allons, il faut qu'ici même...

Il tire son épée.

CORBINO.

Chez nous on punit les duels...

LÉON.

Et les lâches de votre espèce, comment les punit-on?..

Il le menace du plat de son épée.

CORBINO, *à part.*

Lâche!.. je ne peux plus reculer... je me suis enferré moi-même. (*Haut.*) En avant, mon brave!.. (*Ils croisent le fer, au premier coup, il laisse tomber son épée.*) Bien...c'est assez... je suis satisfait...

LÉON.

Moi, je ne le suis pas... ramassez votre arme.

CORBINO.

Du tout...et si vous dites un mot de plus, j'appelle... (*Il crie.*) M. de Coulanges!.. toute l'ambassade!.. accourez!.. accourez!..

LÉON.

Imprudent!.. taisez-vous donc... on va venir?..

CORBINO.

Eh!.. je compte parbleu bien là-dessus, pour vous faire arrêter...

LÉON, *à part.*

Arrêter!..et mon mariage! j'entends du bruit...Eh! vite, chez le notaire...

Il se sauve par le fond.

SCENE VII.

CORBINO, GASTON, *et bientôt* LÉONTINE.

GASTON.

D'où viennent ces cris!.. est-ce vous, M. Corbino?..

CORBINO.

Protégez-moi contre un spadassin qui en veut à ma faible existence!..

GASTON.

Un spadassin...

CORBINO.

Oui!.. ce Léon que vous avez eu l'imprudence d'accueillir à l'ambassade, et qui jette en ces lieux, le trouble de la perturbation...

GASTON.

Et que vous a-t-il donc fait?

CORBINO.

A moi, personnellement... rien!.. mais c'est ce qu'il vous a fait à vous, monsieur, qui m'indigne au-delà de toute imagination...

GASTON.

Comment, je me trouve mêlé dans votre querelle, moi?..

L'Aspirant. 5

CORBINO.

Je le crois parbleu bien... puisque c'est dans votre intérêt et pour vous être agréable... que j'ai manqué de perdre le jour.

GASTON.

Quelle raison Léon pouvait-il avoir?

Ici, paraît Léontine.

CORBINO, *l'indiquant.*

Tenez, le voilà qui revient, il va vous l'expliquer lui même!.. ce petit matamore de quatre pieds dix pouces qui manie l'epée comme un St-Michel.

LÉONTINE, *vivement.*

L'épée?.. moi!.. monsieur sait bien le contraire... car lorsqu'il m'a proposé de me battre pour je ne sais quel motif, je suis accouru près de vous...

CORBINO.

Ah!.. vous êtes un bien audacieux imposteur!.. soutiendrez-vous aussi que vous n'étiez pas là, sous ce berceau, occupé à couvrir la main d'Angéla de baisers brûlans...

GASTON, *surpris.*

Que dit-il?..

LÉONTINE.

Certainement que je le soutiendrai!..

CORBINO.

Ah!.. je n'y tiens plus... (*A Gaston.*) Apprenez donc qu'au lieu de remplir près d'elle la mission dont vous l'aviez chargé...

GASTON.

Eh! bien?..

CORBINO.

Cet enfant perfide s'est fait adorer... individuellement...

GASTON.

Serait-il vrai! Eh quoi! monsieur, vous auriez abusé de ma confiance à ce point...

LÉONTINE.

Je vous jure...

CORBINO, *l'interrompant.*

Si bien que mon écolière, qui, dans ce moment, avait changé de professeur, lui a offert sa main avec les 100,000 ducats qu'elle renferme.

GASTON.

Sa main!..

CORBINO.

Et il va l'épouser.

LÉONTINE.

L'épouser!.. mais cela est impossible, monsieur...

GASTON.

Vous ne vous justifierez pas, monsieur; je comprends maintenant les refus d'Angéla; après ce que j'ai fait pour vous... moi qui vous ai traité comme un frère...

LÉONTINE.

Eh bien! monsieur, ce sont les souvenirs même que vous rappelez qui doivent vous empêcher de croire aux calomnies de cet homme.

CORBINO.

Cet homme... hein !.. mesurez vos expressions.

LÉONTINE.

Non, je n'ai pas cherché à toucher le cœur d'Angéla. (*Baissant les yeux.*) J'avouerai que je l'aurais vue avec chagrin répondre à votre amour, mais je ne pouvais prétendre au sien : vos bontés, votre accueil m'ont inspiré un sentiment si profond de gratitude que je n'ai jamais eu qu'un désir, c'est de vous consacrer ma vie, et s'il ne dépendait que de moi, il ne manquerait rien à votre bonheur.

GASTON.

S'il ne dépendait que de vous, rien ne manquerait à mon bonheur, et cependant vous verriez avec peine l'amour d'Angéla pour moi...

CORBINO.

La contradiction est palpable.

GASTON.

Vos propres paroles vous condamnent.

CORBINO.

Vous êtes condamné.

GASTON.

Vous m'avez joué indignement. Sortez de ma présence, monsieur, et ne comptez plus sur mon appui.

LÉONTINE.

Ah! de grâce, ne me repoussez pas.

GASTON.

Laissez-moi.

CORBINO.

Laissez-nous, aventurier, et cherchez d'autres dupes : vous en trouverez encore; allez.

LÉONTINE, *à Gaston.*

Eh bien! puisqu'il ne me reste plus que ce moyen, vous saurez tout... et vous verrez ensuite si vous pouvez abuser de mon secret... Vous croyez avoir donné l'hospitalité à l'aspirant de marine, Léon...je vous ai trompé, je ne suis pas Léon.

GASTON.

Comment?

LÉONTINE.

Je suis...

CORBINO et GASTON.

Eh bien ?..

LÉONTINE.

Je suis sa sœur !..

GASTON et CORBINO.

Une femme !

LÉONTINE.

Lors de mon naufrage, me trouvant seule, sans guide, sans défenseur, ces habits, que mon frère m'avait fait prendre, ont suffi pour me protéger, et si je leur dois de vous avoir prouvé combien l'amour capricieux d'Angéla était peu digne du vôtre, je ne me plaindrai pas de les avoir empruntés.

CORBINO.

Ah ! c'est une femme !.. voilà qui devient bien piquant pour la veuve, par exemple !

GASTON, *regardant Léontine.*

Je reviens à peine de ma surprise !.. Oui, le son de cette voix, ces yeux charmans dont l'expression est si vive et si tendre à la fois... Et moi qui voulais être aimé... Il fallait un hasard comme celui-là... Vous aviez tous mes secrets, et vous m'avez bien habilement trompé, cher Léon !..

LÉONTINE, *souriant.*

Léontine, monsieur... A présent vous voilà bien certain que vous n'avez plus de rival près d'Angéla... moi, je ne suis pas si heureuse.

GASTON.

Ah ! vous vous montrez trop injuste pour vous-même ; si vous aviez combattu à armes égales, il y a long-temps que vous auriez triomphé.

LÉONTINE, *baissant les yeux.*

Vous ne me chasserez donc pas ?

GASTON.

Oh ! non, je suis trop égoïste pour cela... Mais rentrez, je vous prie... je vous rejoins dans un instant. Je veux vous présenter moi-même à la femme de notre ambassadeur.

LÉONTINE.

Eh bien, monsieur, je vais vous attendre... (*En rentrant conduite par Gaston.*) Et je penserai encore à vous.

Elle disparaît.

SCENE XIII.
GASTON, CORBINO.

GASTON.

Et c'est une femme que la belle Italienne me préférait !..

CORBINO.

Je ne sais pas quel effet cela vous produit, mais moi, je suis décidé à en mourir de rire.

GASTON.

C'est aussi mon intention, quand je me serai vengé.

CORBINO.

Bravissimo! vengez-vous... vengez-nous!.. et prestissimo!

GASTON.

Pouvez-vous me faire avoir une entrevue avec Angéla?

CORBINO.

Très bien!.. Je vais lui dire que M. Léon, son futur époux, demande à lui parler... Mais la voilà.

Il se cache derrière le berceau.

SCÈNE IX.
GASTON, ANGÉLA, CORBINO.

ANGÉLA, *à part.*

Gaston !..

GASTON.

Rassurez-vous, Madame, je ne viens pas vous adresser de plaintes inutiles; je m'empresse, au contraire, de vous faire mon compliment sur votre prochain mariage.

ANGÉLA.

Ah! vous avez appris, monsieur?..

GASTON.

Oui; et quoiqu'il soit bien jeune, bien dépourvu d'expérience, Léon mérite votre tendresse... D'ailleurs, il est convenu, je crois, depuis long-temps, que l'amour n'est qu'un enfant.

ANGÉLA.

Quand il grandit, il devient si maussade, monsieur... (*A part.*) Il est furieux!

GASTON, *à part.*

C'est encore une épigramme contre moi. (*Haut.*) Je n'avais aucun droit pour vous plaire, madame, mais convenez que j'ai été joué d'une manière bien cruelle?..

ANGÉLA, *sévèrement.*

Monsieur...

GASTON.

Oh! ce n'est pas vous que j'aurais l'audace d'accuser, c'est mon petit traître de parlementaire qui, au lieu de me servir, a passé à l'ennemi.

ANGÉLA, *riant.*

A l'ennemi!.. Monsieur, il fallait vous assurer de sa fidélité.

GASTON.

Sans doute, c'est ma faute... mais, à votre tour, prenez-y garde, madame, les déserteurs peuvent tromper tous les partis.

TRIO.

ANGÉLA.

Expliquez-vous plus clairement ?

CORBINO, à part.

Bravo! bravo! voilà le bon moment !

GASTON, à Angéla.

Comment voulez-vous que je fasse,
C'est fort difficile, vraiment !
Dans la Jérusalem du Tasse,
Vous avez lu l'épisode touchant
De la trop sensible Herminie ?

ANGÉLA.

Mais, monsieur, il s'agit de Léon !

GASTON.

Encore un peu d'attention.

CORBINO.

O la bonne plaisanterie !

GASTON.

Vous savez que la noble dame
Pour cacher son sexe et sa flamme
Prit d'un guerrier le costume et le nom !

ANGÉLA.

Mais quel rapport je vous en prie
Entre Léon et la belle Herminie ?

CORBINO.

Gare ! gare ! voilà l'explosion !

GASTON.

Vous allez comprendre aisément,
Car elle est la femme jolie,
Au lieu du cavalier charmant !

ANGÉLA, surprise.

O ciel ! que dites-vous ?

GASTON.

La verité Madame !

CORBINO, riant.

Ah ! ah ! ah ! ah ! j'en mourrai sur mon âme,

GASTON.

Et sachez de plus, aujourd'hui,
Qu'au lieu d'être votre mari,
Léon va devenir ma femme.

ANGÉLA.

O ciel ! quoi votre femme ! ..

ENSEMBLE.

Ah ! Léon pour moi quel outrage !
Comme époux, à moi s'offrir,
Me tromper par son doux langage.
Sur qui compter à l'avenir !

GASTON.

Pardonnez, je vous en supplie,
Oui, Léon doit réussir.
Mais, j'en conviens, femme jolie,
Comme époux ne peut le choisir !

CORBINO.

Ah ! la bonne plaisanterie !
Pauvre femme ! ah ! quel plaisir
Si jamais elle se marie
Fera fort bien de mieux choisir.

Corbino sort par le fond.

GASTON.

Et pour qu'il ne vous reste plus de doute, je vais vous amener la coupable.

Il rentre à l'ambassade en riant.

SCÈNE X.

ANGÉLA, *se promenant avec agitation, et peu après,* LÉON *arrivant par le fond.*

ANGÉLA.

Ah ! c'est infâme !.. me parler d'amour avec tant de feu, de passion !.. et tout cela n'était qu'un jeu, une perfidie froidement calculée !.. Si cette aventure est connue, je vais être un sujet inépuisable de railleries... et justement, moi, qui passe pour une coquette, ils vont tous profiter de l'occasion pour se venger... Oh ! mon Dieu !

Elle se cache la figure dans ses mains.

LÉON, *arrivant gaîment.*

Ah ! dans un quart-d'heure, le notaire et mon ami Guillaume seront ici. Chère Angéla, je vais être le plus heureux des hommes...

ANGÉLA, *le voyant.*

Des hommes !.. quoi ! vous osez encore vous donner ce titre ?

LÉON, *étonné.*

Certainement. Je ne suis plus un enfant, puisque je me marie avec vous.

ANGÉLA.

Avec moi ? voilà un excès d'audace ! allez, vous devriez rougir de votre conduite, mademoiselle.

LÉON.

Mademoiselle?.. Je ne devine pas... Ah ça! madame, pour qui me prend-on?

ANGÉLA.

Pour ce que vous êtes... pour une jeune fille éprise de M. Gaston...

LÉON.

Une jeune fille... M. Gaston... (*A part.*) O ciel! est-ce qu'elle devient folle?

ANGÉLA, *agitée*.

Ne croyez pas au moins que je vous aie jamais aimée!

LÉON.

Je ne sais plus quel caprice vous a tout-à-coup changée, madame; mais dans l'impossibilité de comprendre un mot à tout ce que vous me dites, je n'y vois qu'un moyen employé pour rompre avec moi.

ANGÉLA.

Il le faut bien...

LÉON.

Oh! non... n'y comptez pas... je résisterai, j'ai du caractère... On ne trouble pas ainsi le cœur d'un pauvre jeune homme qui ne connaissait ni les femmes ni l'amour; on ne lui donne pas des espérances qui le transportent de joie et de plaisir, pour détruire ensuite tout un avenir de bonheur par un mensonge cruel.

ANGÉLA.

Un mensonge?

LÉON.

Oui, sans doute; mais vous êtes à moi, vous êtes tout mon bien, tout mon espoir... je vous aime comme un insensé, je ne veux pas me séparer de vous.

ANGÉLA, *à part.*

Tout cela a pourtant l'air bien vrai!

LÉON.

Et si je dois vous perdre, il n'y a que la mort...

Il tire son épée.

ANGÉLA, *l'arrêtant.*

Que faites-vous? arrêtez. (*Appelant.*) Au secours!.. au secours!

SCÈNE XI.

LES MÊMES, CORBINO, GUILLAUME, *arrivant par le fond.*

CORBINO.

Encore l'épée à la main?.. Ah ça! on ne peut donc pas vivre

avec cet être-là... Signora, je vais chercher la garde pour le faire enfermer au château de l'Œuf!

GUILLAUME, *le prenant par le bras.*

Un instant, vieux patron!.. vire de bord et ne t'avise pas de toucher à ce cher enfant; je te coule à fond, si tu oses encore courir une bordée sur lui.

CORBINO.

C'est différent : je reste muet provisoirement...

GUILLAUME, *à Léon.*

Plus de querelles, de chagrins, mon pauvre Léon, car je vous annonce que votre sœur est retrouvée...

LÉON, *vivement.*

Ma sœur!..

GUILLAUME.

On vient de m'assurer qu'elle était ici.

LÉON.

Se peut-il?..

ANGÉLA, *le retenant.*

Quoi!.. vous avez une sœur, monsieur.

LÉON, *vivement.*

Oui, madame, une sœur chérie! que je croyais avoir perdue, et qui m'avait coûté bien des larmes!

ANGÉLA.

Aurais-je été ici le jouet de M. de Coulanges.

CORBINO.

Le voilà!.. il nous aidera peut-être à sortir de ce labyrinthe.

SCÈNE XII.

LES MÊMES, GASTON, LÉONTINE, *en costume de femme.*

FINAL.

GASTON, *donnant la main à Léontine.*
Je l'ai promis, je viens moi-même,
Vous présenter celle que j'aime.

LÉONTINE, *voyant Léon.*
Que vois-je? ô ciel! c'est Léon! c'est bien lui!

LÉON, *se jettant dans ses bras.*
C'est toi que j'embrasse aujourd'hui!

GASTON, *étonné.*
Vraiment ma surprise est extrême!..

GUILLAUME.
Pour faire cesser votre erreur,
Apprenez qu'ils sont frère et sœur.

L'Aspirant.

ANGELA, à Gaston.

Voilà, monsieur, tout le mystère,
Et pour vous imiter aussi,
Vous me permettrez bien j'espère,
De vous présenter mon mari.

COBBINO.

Son mari !.. Ah! qu'il est humiliant pour un professeur grammaire, d'avoir pris toute la journée le féminin pou masculin.

ENSEMBLE.

Ah! vraiment,
C'est charmant;
Plus de crainte
de contrainte,
Le bonheur vient s'offrir
Vite il faut le saisir;
Tout doit finir
Par le plaisir.

FIN.

www.ingramcontent.com/pod-product-compliance
Lightning Source LLC
Chambersburg PA
CBHW060501050426
42451CB00009B/768